SUR

LES OFFICES

OU LEUR RÉFORME

APPLIQUÉE AU NOTARIAT

PROCURANT IMMÉDIATEMENT A L'ÉTAT

Un Revenu ANNUEL de plus de CENT CINQUANTE MILLIONS, sans diminuer en rien les émoluments des Notaires et sans bouleverser la loi fondamentale du notariat, mais en l'améliorant.

PAR HENRI OUDIN

PARIS.

EN VENTE CHEZ GARNIER FRÈRES, LIBRAIRES-ÉDITEURS,

Palais-National, 215.

1848

IMPOT SUR LES OFFICES.

PARIS. — IMPRIMERIE DE D'AUBUSSON, PASSAGE DES PANORAMAS,
galerie Montmartre, 16.

IMPOT

SUR

LES OFFICES

OU LEUR RÉFORME

APPLIQUÉE AU NOTARIAT

PROCURANT IMMÉDIATEMENT A L'ÉTAT

Un Revenu ANNUEL de plus de CENT CINQUANTE MILLIONS, sans diminuer en rien les émoluments des Notaires et sans bouleverser la loi fondamentale du notariat, mais en l'améliorant.

PAR HENRI OUDIN

PARIS.

EN VENTE CHEZ GARNIER FRÈRES, LIBRAIRES-ÉDITEURS,
Palais-National, 215.

1848

NOTE DE L'ÉDITEUR.

La Révolution de février, dont la mission est de refondre successivement toutes nos institutions, a suggéré à l'auteur de l'ouvrage que j'édite l'idée de frapper d'un impôt les offices, et de faire disparaître la vénalité, qui est la plaie de notre époque. Il a publié le 9 avril dernier, une brochure où son système de réforme n'est qu'indiqué. L'accueil bienveillant dont cette brochure a été l'objet de la part d'hommes pratiques et éclairés, a encouragé l'auteur à donner suite à son système ; il vient de le développer dans l'ouvrage que je présente au public. Il démontre avec évidence que l'impôt dont il frappe les offices est profitable non-seulement à l'Etat et aux particuliers, mais encore aux Notaires dont il tend à améliorer singulièrement la position.

Voici comment s'exprimait à ce sujet un des organes de la presse parisienne, le premier mai :

« Une grave question est à l'ordre du jour, c'est « celle de l'abolition de la vénalité des offices. Elle « préoccupe tous les esprits, et la presse commence « à ouvrir ses colonnes pour l'examiner sous toutes ses « faces. Nul doute que cette question sera agitée de- « vant l'Assemblée Nationale, et il convient d'éclairer à « l'avance les esprits sur les réformes qu'il y a à faire pour « harmoniser, sans secousse, l'état ancien des choses « avec nos principes républicains. Cette question est « d'autant plus délicate qu'il paraît difficile de suppri- « mer la vénalité des offices sans porter une atteinte « grave à la fortune et aux moyens d'existence de plus « de cent mille familles. A côté, vient un autre intérêt « non moins grave, non moins puissant : c'est celui « des principes de notre Révolution, qui veulent l'abo- « lition de tout privilége, de tout monopole, excepté « celui de l'intelligence et du savoir. L'Assemblée natio- « nale sacrifiera-t-elle ces principes à des intérêts privés, « si respectables qu'ils soient? Il n'y faut pas compter. « Si elle entrait dans cette voie, ce serait vouloir conser- « ver, plutôt rétablir le vieil édifice social qui s'est » écroulé le 24 février au souffle du Peuple souverain. » Concilier tous les intérêts, respecter les droits acquis et

« faire triompher les principes de notre Révolution, tel « est le difficile problème à résoudre. La solution de ce « problème vient d'être indiquée dans une petite bro- « chure que nous avons sous les yeux. L'auteur, « après avoir jeté un coup d'œil aussi juste qu'impar- « tial sur la position des officiers ministériels, présente « un système qui, tout en supprimant la vénalité des of- « fices, indemnise largement les officiers ministériels de « leurs charges, sans qu'il en coûte UN CENTIME à l'Etat. « Ce système qui fait la part de chacun, qui respecte les « droits acquis, et qui semble d'une exécution d'autant « plus facile qu'il s'appuie sur des précédents, nous a « paru mériter de fixer l'attention du législateur. Nous » le recommandons à la méditation des esprits sérieux, » etc. »

IMPOT

SUR LES OFFICES

OU

LEUR RÉFORME APPLIQUÉE AU NOTARIAT.

La Révolution toute sociale de Février doit aussi atteindre le notariat et le régénérer. Son organisation, telle que nous l'ont faite les lois des 25 ventôse an XI, 28 avril 1816, et 25 juin 1841, constitue un monopole de la fortune et non une faveur réservée à l'intelligence. Elle doit donc subir une transformation importante. La vénalite des offices, qui s'est introduite si subrepticement dans l'usage sous l'égide corrupteur des gouvernements déchus, va être abolie très-prochainement; cela ne peut souffrir le moindre doute avec les principes de notre Révolution : de là découle la nécessité d'une nouvelle réorganisation du notariat.

Sans aller fouiller dans la bibliothèque des livres poudreux, écrits dans un temps qui n'est plus le nôtre, nous allons donner le projet d'une organisation du notariat. Nous l'approprierons à nos mœurs, à nos besoins et à nos principes républicains démocratiques, sous l'influeuce desquels nous l'avons conçue.

Démocratiser l'institution actuelle du notariat, en écarter la médiocrité, y attirer la capacité et l'intelligence, répandre partout les bienfaits d'une pratique éclairée appuyée sur une théorie solide des principes du droit, et abriter de plus en plus les intérêts privés des familles contre la faiblesse et la mauvaise passion des hommes, tel est le but que nous nous proposons.

Tout le monde sait ce qu'est le notariat. Inutile donc de faire connaître le but de son institution, encore moins de faire un précis historique de son origine, ni des phases qu'elle a subies jusqu'à nos jours : passons à notre sujet.

Des fonctions des Notaires.

Les fonctions des Notaires ont été définies par l'article premier de la loi organique du notariat du 25 ventôse an XI, ainsi conçu :

« Les Notaires sont des fonctionnaires publics établis
« pour recevoir tous les actes et contrats auxquels les

« parties doivent ou veulent faire donner le caractère « d'authenticité attaché aux actes de l'autorité publi- « que, et pour en assurer la date, en conserver le « dépôt, en délivrer des grosses et expéditions. »

L'article 2 de la même loi les institue à vie.

Et l'article suivant leur impose l'obligation de prêter leur ministère lorsqu'ils en sont requis.

Nous n'avons rien à ajouter ni à retrancher à cette définition nette et précise de la nature et du but des fonctions des Notaires.

Du Ressort.

La loi de ventôse a créé, par son article 5, trois classes de notaires, attribuant à chacune d'elles des prérogatives et des droits différents.

Nous avons :

Les Notaires de Cour d'appel, qui ont le droit d'instrumenter dans toute l'étendue de cette Cour.

Les Notaires des villes où il y a un tribunal de première instance, qui exerçent dans tout le ressort de ce tribunal.

Et les Notaires où il y a un tribunal de paix, qui exerçent dans tout un canton.

Que résulte-t-il de cette classification ?

C'est que le notaire de campagne ne peut exercer que dans son canton; tandis que le Notaire de Cour d'appel et le Notaire d'arrondissement viennent à sa porte, lui enlever des affaires qui sont toujours les plus lucratives, sans qu'il lui soit permis d'user de représailles. Même inconvénient pour le Notaire d'arrondissement qui est obligé de subir, sans mot dire, la concurrence que lui fait son confrère de Cour d'appel. Il est vrai qu'il trouve une fiche de consolation dans le droit de concurrence envers les Notaires de campagne, dont il sait user pour se récupérer sur eux du tort que lui font les notaires de Cour d'appel.

Cela ne peut plus exister aujourd'hui devant une révolution qui veut non-seulement l'égalité civile, mais encore l'égalité sociale.

La circonscription injuste, et sans raison d'être, de ces limites inégales à l'exercice du notariat, a donné lieu à bien de scandales qui ont retenti dans tous nos tribunaux, et la dignité du notariat en fut gravement atteinte. Posons les mêmes limites à tous les notaires et nous aurons extirpé les germes de discordes jetés dans une corporation qui doit donner l'exemple de la paix, de la concorde et du désintéressement.

Les habitants de la campagne réclament aussi cette mesure. Combien d'entre eux, par suite d'un changement de résidence de quelques kilomètres seulement, se trouvent privés du Notaire qui possède leur confiance, qui connaît tous leurs secrets de famille dans lesquels ils se voient forcés d'initier un notaire qu'ils ne connaissent pas, ou qui n'a pas leur sympathie. C'est pourtant à ce Notaire qu'on est contraint de confier, au moment suprême, ses dernières volontés.

Que la liberté d'exercer le notariat soit égale pour tous les Notaires dans un même arrondissement, et aussitôt disparaîtra la cause des scandales dont nous parlions plus haut.

Les huissiers qui ont indistinctement le droit d'instrumenter dans toute l'étendue de l'arrondissement, n'ont jamais eu lieu de se plaindre les uns des autres pour violation aux lois sur leur résidence, ni à celles qui déterminent l'étendue de la circonscription dans laquelle ils ont le droit d'exercer leur profession. Pourquoi n'en serait-il pas de même du notariat? Où sont les motifs plausibles, justes et raisonnables qui puissent déterminer nos nouveaux législateurs à perpétuer un état de choses aussi abusif qui ne tend qu'à entretenir la désunion parmi les Notaires en étendant les prérogatives des uns au détriment des autres, sans utilité pour les clients ni pour l'Etat.

Nous proposons donc que chaque Notaire ait le droit d'instrumenter dans l'étendue de l'arrondissement.

Des incompatibilités.

L'article 7 de la loi de ventôse dispose que les fonctions de Notaire sont incompatibles avec celles de juges, commissaires du Gouvernement près les tribunaux, leurs substituts, greffiers, avoués, huissiers, préposés à la recette des contributions directes et indirectes, juges, greffiers et huissiers de justices-de-paix, commissaires de police et commissaires aux ventes.

Nous étendrons l'incompatibilité aux fonctions de Maire.

Un notaire a assez d'influence en raison de ses fonctions, sans lui en donner encore par un cumul ; et puis, tous les notaires d'une même ville ne peuvent pas être maire. Pourquoi donc laisser à l'un d'eux la possibilité de s'élever à une position influente dont il pourra abuser au détriment de ses confrères. Manquons-nous de ces exemples ? N'avons-nous pas vu des clientèles d'hospices détournées par cette influence ? L'égalité, toujours l'égalité parmi les hommes de même profession.

Des actes, de leur forme, des minutes, grosses, expéditions et répertoires.

Les articles 8 à 30 de la loi de ventôse, avec la loi de 1841, forment un ensemble de dispositions bonnes à conserver ; seulement, le choix des témoins instrumentaires et des témoins certificateurs pourra se faire dans tout l'arrondissement.

Conditions pour être admis.

Ce qui constitue un bon notaire, c'est un stage sérieux. Rien ne peut y suppléer, pas même la science du droit. Il faut indispensablement joindre la pratique à la théorie ; ce sont deux sœurs inséparables ; unies, elles sont fortes ; séparées, elles sont impuissantes. Mettez à l'œuvre un professeur de droit qui ne s'est jamais placé sur le terrain de l'application, vous le verrez inférieur à un clerc d'un an de stage pour la rédaction de l'acte le plus simple. Mais aussi le notaire qui se conforme aveuglément aux formules routinières des contrats est, à nos yeux, un chétif notaire dont l'incapacité est bien dangereuse. Il ne faut pas de routiniers. Remplir des fonctions comme celles de Notaire est un assez bel honneur pour qu'on s'en rende digne à tous égards.

Le stage est le piédestal de la science notariale. Elle le gravit par degré pour s'y asseoir, et il est de la plus haute importance d'en déterminer exactement les bases, d'en régler les conditions pour le rendre sérieux et utile et pouvoir apprécier, d'une manière sûre, l'aptitude des candidats au fur et à mesure qu'ils l'accomplissent.

Les dispositions suivantes peuvent atteindre ce but.

Le stage durera six ans.

Avant dix-huit ans accomplis, nul ne pourra se faire inscrire sur le livre de stage tenu par le secrétaire de la Chambre des notaires.

L'aspirant ne sera astreint à fournir aucune autre pièce qu'un extrait de son acte de naissance, un certificat de moralité et un certificat du notaire chez lequel il commence son stage.

A la fin de chacune des six années que durera le stage, les aspirants subiront un examen devant un comité que nous appellerons Comité d'examen pour le stage, ou tout simplement COMITÉ DE STAGE, composé du commissaire du Gouvernement près le tribunal de première instance, du Président de la chambre des Notaires, et de trois autres notaires désignés par la voie du sort.

Les examens seront combinés de façon que les aspirants soient interrogés sur toutes les lois se rattachant au notariat, et sur la rédaction de tous les contrats qui présentent le plus de difficultés dans la pratique.

Ainsi, pour la première année, examen sur la loi organique du notariat, sur la forme extérieure des actes, avec le rédactiou de quelques-uns des actes très-simples.

Pour la deuxième année, examen sur les lois fiscales avec la rédaction d'actes moins faciles, ainsi de suite progressivement ; de telle sorte que les aspirants soient forcés d'étudier et de connaître, outre les principes du droit, toutes les lois touchant à l'exercice du Notariat.

D'ailleurs, le programme des matières sur lesquelles doivent rouler les six examens, pour l'accomplissement du stage entier, est très-facile à établir.

Le résultat des examens sera constaté sur un registre qui restera aux archives de la Chambre des Notaires. Chaque aspirant y sera noté selon son mérite, dont le degré sera apprécié par le nombre de boules blanches, rouges ou noires. L'aspirant qui n'aura pas répondu d'une manière satisfaisante sera ajourné à un an pour subir de nouveau le même examen ; de cette façon, le paresseux ou l'inintelligent pourra mettre dix ou douze ans pour accomplir un stage qui consiste dans six examens annuels; excellent moyen de l'apprécier à sa juste valeur.

Les examens seront subis par les aspirants sans avoir égard aux grades qu'ils occupent dans l'étude où ils travaillent.

Pour les licenciés en droit, le stage ne sera que de trois ans. Ils subiront alors les trois derniers examens du stage qui seront les plus difficiles.

Il sera délivré aux élèves qui auront satisfait aux examens, UN CERTIFICAT DE STAGE.

Il ne suffira pas d'avoir accompli son stage pour être notaire ; il faudra encore obtenir un CERTIFICAT D'ADMISSION.

Ce certificat s'obtiendra à la suite d'un examen qui fera le complément de tous les autres ; il aura lieu sur toutes les matières du notariat, devant un comité que nous appellerons COMITÉ D'ADMISSION ; composé du président du tribunal de première instance, du commissaire du Gouvernement, du président de la chambre des notaires et de quatre notaires, désignés par le sort.

Les examens d'admission auront lieu tous les ans, ou tous les deux ans, selon que le Gouvernement décidera.

Ces examens, ainsi que ceux de stage, seront publics et gratuits.

Pour être admis à subir l'examen d'admission, il faudra se trouver dans les conditions suivantes :

Être âgé de vingt-cinq ans ;

Avoir accompli son stage ;

Être libéré du service militaire ;

Jouir, bien entendu, de tous les droits civils, civiques et politiques attachés à la qualité de citoyen.

On produira :

Un certificat de stage ;

Un certificat de moralité ;

Un certificat de civisme.

Les aspirants qui auront obtenu leur certificat d'admission, seront aptes à exercer les fonctions de notaire sans de nouveaux examens. Ils seront là jusqu'à ce qu'ils aient obtenu des charges, comme des soldats exercés du notariat prêts à obéir au premier signal.

Ils seront classés au ministère de la justice par ordre de mérite, et pourvus de charges, en commençant par les premiers inscrits.

Pour les aspirants qui auraient obtenu tout boules blanches, par exemple, on se reportera, pour la supériorité de mérite, à leurs examens de stage, et le Comité ou le ministre de la justice décidera souverainement et sans appel. En cas de mérite égal, le plus âgé sera inscrit le premier.

Les aspirants d'une même année seront placés tous,

indistinctement, avant les aspirants admis aux examens subséquents.

Car, il faut qu'il suffise d'avoir obtenu son certificat d'admission pour avoir la certitude qu'un jour on sera notaire. Le capital, aujourd'hui, pour exerçer des fonctions publiques, doit être seulement un capital d'intelligence et non un capital d'écus sonnants comme sous la monarchie : ces deux capitaux ne s'excluent pas l'un l'autre, sans doute, mais l'intelligence doit avoir la suprématie. Nous ne devons plus voir d'estimables jeunes gens, pleins de capacité et d'expérience, mais sans fortune, vieillir dans le fauteuil du principal clerc, sans perspective, sans espérance d'avenir quelconque, et que l'on met à la porte de l'étude lors d'un changement de titulaire, sans se soucier des services qu'ils ont rendus tant à la société qu'à leurs anciens patrons, qui se sont engraissés de leur travail.

Les anciens officiers ministériels, tels que notaires, avoués, huissiers, greffiers, commissaires-priseurs, et même ceux qui auront exercé des fonctions administratives, qui demanderaient à être pourvus d'une étude de notaire, seront dispensés du stage, pourvu qu'ils aient exerçé au moins pendant deux ans. Ils seront admis au premier examen d'admission qui suivra leur demande, pour prendre rang selon leur capacité. Cette dernière disposition vient retarder, dira-t-on, l'avancement des jeunes gens qui ont bien mérité d'être investis de fonctions publiques. Nous ne contestons pas le mérite de cette objection. Mais fermer la porte du notariat aux anciens fonctionnaires, que des circonstances fatales ont forcé, peut-être, à donner leur démission, telle que maladie, etc., etc., c'est être, à notre avis, d'un rigorisme trop absolu. Toutefois, il appartiendra au ministre de la justice d'examiner la cause de leurs démissions, de sonder leurs intentions pour réprimer les abus des permutations trop fréquentes.

Mode de Nomination.

On vient de voir comment nous entendons qu'un notaire arrive à avoir une charge; c'est par son mérite et à tour de rôle, sans qu'il puisse y avoir de passe-droit.

Avant la loi de 1816, c'était le roi qui choisissait les officiers ministériels; il était libre dans son choix.

Depuis, et en vertu de cette loi, ce sont les titulaires qui présentent leurs successeurs à l'agrément de sa majesté.

Nous ne voulons aucun de ces deux moyens.

Le notaire doit conquérir ses fonctions par l'étude, par son mérite, comme les professeurs dans diverses facultés, moins le concours que nous ne trouvons d'aucune utilité en ce qui touche le notariat. Nous désirons seulement des examens successifs et annuels, qui démontreront mieux qu'un concours public tout le mérite d'un aspirant.

Sa nomination doit arriver à son tour. comme nous l'avons dit plus haut.

La publicité qui sera donnée tant du résultat des examens d'admission, qui se feront le même jour dans toute la France, que des nominations des notaires aux places vacantes, sera un sûr garant des droits de chacun. Quand tout se fait au grand jour, on n'a ni à craindre, ni à espérer des tours de faveur, ni l'influence de coterie : récompenser chacun selon son mérite, c'est le fait d'une vraie république.

Les notaires actuels conserveront leurs offices, cela ne fait aucun doute; mais les vacances qui surviendront parmi les notaires de Cour d'appel seront remplies par les notaires d'arrondissement, comme les vacances des études de ces notaires seront remplies par les notaires de justices de paix ou de canton.

De telle sorte que les jeunes notaires débuteront toujours par les études de troisième classe, pour arriver ensuite à la première en passant par la seconde.

Nous nous attendons à voir se soulever contre cette hiérarchie, pourtant raisonnable et bienfaisante, tous les clercs des grandes villes, ceux de Paris surtout.

L'idée d'être contraints, pour se faire notaire, de fuir les grandes villes, d'aller s'enterrer, quoique passagèrement, dans la campagne, va les effrayer. Cela nous vaudra de leur part quelques épithètes caustiques et railleuses, et ils feront bon compte de nos idées et de notre projet de réforme, qu'ils enverront à satan.

Cependant l'introduction de cette hiérarchie est nécessaire, elle est indispensable au développement et à l'unité de la science notariale. Qu'on ne s'y trompe pas ; le notariat ne se fait bien que dans les grandes villes. Il est encore à l'état d'enfance dans un très-grand nombre de localités ; c'est une vérité triste à dire, et qu'il faut cependant reconnaître. Eh bien ! pourquoi ne pas élever le notariat au même niveau sur toute la surface de la France. Pourquoi les habitants des villes continueraient-ils à jouir seuls du privilége d'avoir leurs affaires parfaitement traitées, et d'être, par cette raison, à l'abri des procès, tandis que les paysans n'ont, la plupart du temps, pour leur argent, que des contrats rédigés avec obscurité et ambiguité, et remarquables surtout par l'absence des principes les plus élémentaires du droit.

Nous avons vu un notaire conseiller la révocation d'une donation faite entre époux par contrat de mariage. Qu'on juge ! Ceci n'est pas un fait isolé, que nous relevons avec plaisir ; il y en a beaucoup d'autres, et les hommes d'affaires éclairés savent si nous disons vrai.

Une autre raison recommande encore la hiérarchie, c'est l'égalité qui doit exister entre les membres d'une même corporation. Un candidat a-t-il de l'argent ? Il achète une étude de notaire dans une grande ville, ou à Paris ; à lui la plus belle, la plus agréable, la plus séduisante des résidences ; à lui les jouissances qu'offre sans cesse le centre des arts et de la civilisation. Mais est-il sans fortune ? Oh ! alors, son lot c'est de traiter avec beaucoup de peine (heureux quand il réussit encore), d'une étude de village, où il fait peu d'affaires, et où il ne rencontre aucun des avantages des grandes villes pour l'éducation de ses enfants. Conserver un pareil état de choses, c'est consacrer le privilége de la fortune. Voilà ce que nous ne pouvons admettre. La fortune ne doit pas influer sur le choix des résidences. Dans une corporation bien ordonnée, tous les membres doivent avoir les mêmes charges à supporter et les mêmes jouissances à partager ; ce qui ne peut se réaliser que par la hiérarchie que nous proposons. Nous ne faisons pas la guerre au capital. Nous professons, au contraire le plus grand respect pour la propriété ; mais nous ne pouvons voir, sans nous regimber, que le capital vienne tout réglementer et se faire dispensateur des choses d'ici bas, surtout en fait de fonctions publiques. Le talent et le savoir valent-ils moins que les écus ? Ceux-ci doivent-ils rester les maîtres ? Il y a longtemps qu'on a dit : La vertu, SANS ARGENT, est un meuble inutile. Nous disons, nous, pour arriver à l'exercice des fonctions publiques, les écus, SANS TALENT, sont meubles inutiles.

L'ère de l'égalité est venue. Il faut que tous les enfants de la République participent aux bienfaits de la civilisation et du progrès, dont les grandes villes ont eu jusqu'aujourd'hui le monopole. Etablissons donc un va et vient d'hommes capables dans les campagnes, qui féconderont sur leur passage les heureux fruits de la civilisation.

La hiérarchie dont nous nous occupons ne serait pas tellement absolue, qu'un notaire de canton dût forcément passer au chef-lieu d'arrondissement, et un notaire de seconde classe passer bon gré, mal gré, à la première classe. C'est une faculté, c'est un droit à l'avancement auquel on peut renoncer. Avant tout, la liberté d'agir selon ses goûts, ses désirs ou ses intérêts, quand l'intérêt général ou celui d'autres notaires ne s'y opposent pas.

Nous avons parlé plus haut de classes entre les notaires et nous ne voudrions pas en voir; mais la division territoriale nous force cependant à voir le notaire de canton, le notaire d'arrondissement, et le notaire de Cour d'appel. Nous adoptons cette classification trinitaire, sans accorder de prépondérance d'une classe sur une autre.

Du nombre des notaires.

Le nombre des notaires pour chaque arrondissement ou département, leur placement et résidence, doivent être déterminés par le Gouvernement, non de manière qu'il y ait tant de notaires par tant de mille âmes, comme le veut l'article 31 de la loi de ventôse; mais selon la richesse agricole, le développement de l'industrie, l'activité du commerce et la multiplicité des transactions de la localité. C'est la seule base qu'il soit raisonnable de prendre. On connaît aujourd'hui les effets du principe posé par l'article 31 ci-dessus. Il est des cantons où les notaires gagnent à peine pour vivre, et leurs études ne valent même pas quinze mille francs ; tandis que les notaires des cantons, qui touchent aux grands centres de population, vendent leurs études trois à quatre cent mille francs. Voyez ce que coûte le notariat de Belleville, Batignolles, Neuilly, etc. Cela se comprend : un même nombre d'individus font, dans une localité riche, active, dix fois plus d'affaires, que dans une localité pauvre ou déshéritée de voies de communication. Le nombre d'habitants doit n'être pris, à notre sens, qu'en considération secondaire pour la fixation du nombre des notaires. Ce nombre ne peut rester invariable. On doit tantôt le restreindre, tantôt l'augmenter, selon les besoins des particuliers, combinés avec l'intérêt de l'Etat.

De l'abolition des Actes sous seings-privés en matière de transmission d'immeubles.

Les actes sous seings-privés sont, en général, la source de procès. Ils sont rédigés, la plupart du temps, par des hommes qui ne connaissent point les affaires, qui n'ont aucune notion des principes du droit ; je dirai plus, en disant toujours vrai, qui ne savent même pas écrire deux lignes d'une manière correcte. Leur pensée est étouffée dans des phrases diffuses et incohérentes. Ils emploient des mots dont ils ne comprennent pas le sens et qui expriment une idée toute opposée à la leur. C'est pourtant à de tels aveugles, que des gens, encore plus aveugles, confient le soin de régler leurs intérêts. Ne voit-on pas tous les jours dans les affaires, se produire, *en fait d'actes sous seings-privés :*

Des partages de successions, où les lois sur les rapports sont ouvertement violées par l'effet de l'ignorance.

Des obligations contenant des affectations d'hypothèques qui sont un leure, une déception pour le créancier.

Des transports de créances hypothécaires ou privilégiées, avec subrogation dans l'effet d'une hypothèque ou d'un privilége ; subrogation que le conservateur des hypothèques ne peut opérer à cause du défaut d'authenticité de l'acte qui la comporte.

Des partages anticipés, qui sont d'une nullité radicale faute de l'authenticité qui seule leur donne vie.

Des donations qui ont le même sort.

Voire même des contrats de mariage.

Nous féliciterons ici le conservateur des hypothèques de Soissons qui a refusé, en notre présence, d'opérer la transcription d'une donation sous signatures privées. Le donataire qui désirait la faire revêtir de cette formalité indispensable, se trouva fort désappointé quand il connut la valeur de l'acte privé qui devait le rendre propriétaire incommutable de quelques hectares de terre. Son désespoir fut grand : la faute était irréparable. C'est une des nombreuses victimes de l'ignorance des avocats de village, qui réclament à hauts cris l'abolition du sous seing-privé.

Nous allons plus loin. Le sous seing-privé fut-il rédigé correctement, qu'il ne faudrait pas moins le proscrire.

Son caractère occulte inspire généralement peu de confiance sur la sincérité des signatures des parties contractantes. Aussi ne s'étonne-t-on pas qu'un tiers, à qui l'on présente un tel acte, demande presque toujours la conversion du sous seing-privé en acte authentique, si cela est encore possible, sinon une reconnaissance d'écritures et de signatures devant les tribunaux, procédure qui devient plus coûteuse qu'un acte notarié, et qui retarde toujours la solution d'affaires urgentes.

Et puis, en conscience, quel est l'homme propre à bien dresser un contrat de vente, si ce n'est un notaire. Le point important dans un contrat de cette nature, c'est l'établissement de la propriété vendue, et la déclaration de l'état civil du vendeur. Eh bien! il faut une certaine habileté qu'on n'acquiert que par une longue pratique des affaires, pour faire convenablement cet établissement de propriété et toutes les déclarations nécessaires pour mettre à même l'acquéreur de remplir efficacement les formalités de transcription et de purge.

Le notaire est, selon nous, seul apte à bien faire un contrat de vente. Qu'on ne prenne pas ceci pour un paradoxe.

Une considération puissante milite encore en faveur de l'abolition des actes sous seings-privés ; c'est qu'il importe à la tranquillité de tous que les mutations des propriétés immobilières s'opèrent non-seulement d'une manière régulière, mais encore de façon que les traces de ces mutations soient saisissables, et qu'elles ne puissent échapper aux investigations qu'on est souvent obligé de faire, soit pour la régularisation de ces mutations elles-mêmes, soit en cas de succession ou de procès, pour remonter à une origine plus ou moins lointaine de telles ou telles propriétés ; or, ce n'est pas l'acte sous seing-privé qui donne cette satisfaction ; le plus souvent il n'est ni enregistré, ni transcrit aux hypothèques. S'il vient à être égaré, il est impossible de s'en procurer le texte, puisqu'il n'y a pas de minute. On se trouve alors dans un embarras inextricable, et la meilleure cause peut être gravement compromise par la perte d'un acte qu'on ne peut ni produire, ni remplacer.

L'abolition du sous seing-privé est donc désirable dans l'intérêt des particuliers, en leur évitant des procès, au moyen d'une transmission parfaite de la propriété, dans celui du fisc, dont les droits seraient mieux respectés ; dans l'intérêt enfin de la morale publique, que les actes sous seings-privés viennent si souvent outrager en se prêtant à des calculs infâmes, que l'intervention d'un homme public déjouerait.

A notre point de vue de l'établissement complet de la propriété, entre les mains de l'acquéreur, nous réclamons avec instance :

1° La proscription des actes sous seings-privés en matière de transmissions d'immeubles.

2° La transcription de tous les contrats translatifs de propriété.

3° La suppression des formalités de purge d'hypothèques légales des femmes et des mineurs, dont l'hypothèque devra, à l'avenir, être inscrite et rendue publique, pour produire effet comme les hypothèques conventionnelles et judiciaires.

Cette dernière mesure aura pour effet d'accélérer la transmission incommutable de la propriété entre les mains de l'acquéreur, et de le décharger de ces frais de purge qui pèsent trop sur les petites acquisitions. L'impôt du timbre et de l'enregistrement est déjà assez lourd sans augmenter les frais de mutation par des formalités dispendieuses dont il est facile de se passer.

Nous ne faisons qu'indiquer ici ces réformes qui touchent plus spécialement au régime hypothécaire.

Du tarif général.

Un tarif général, dans toute la France, pour tous les actes notariés est, selon nous, une chose utile. Cela est nécessaire pour l'uniformité que nous voudrions voir s'établir dans le notariat. Plusieurs publicistes l'ont demandé; de notre côté, nous l'avons déjà réclamé en faisant voir les avantages qui en résulteraient, et nous persistons ici dans notre demande avec d'autant plus de raison, qu'un tarif général seconderait singulièrement nos réformes et la combinaison financière dont nous parlons plus loin.

De la Comptabilité et des Dépôts d'argent.

§ 1er.

De la comptabilité.

La comptabilité, c'est l'ordre ; et sans l'ordre , c'est le cahos. Celui qui n'a pas d'ordre ne fait jamais rien. C'est un brouillon qui gâte ses propres affaires, et qui compromet celles d'autrui. Une comptabilité sévère est le miroir où se reflète la moralité du négociant et de l'homme d'affaires ; et nous serions bien aise de voir imposer aux notaires l'obligation de tenir une comptabilité en partie double, jour par jour. Celles que tiennent aujourd'hui presque tous les notaires, est insignifiante; elle ne donne aucun résultat. La vraie comptabilité, la seule utile, est celle qui présente chaque jour , avec la plus scrupuleuse exactitude , l'actif et le passif d'une maison.

Ne voit-on pas des notaires, des commerçants, parfaitement honnêtes, s'appauvrir, se ruiner même, faute de se rendre compte de leur situation. Peut-on, en effet, voir la fausse route dans laquelle on s'achemine, si, à certaines époques de l'année, on ne fait pas un inventaire de sa fortune, un examen sévère de ses affaires. Que de gens se repentent, mais trop tard, d'avoir négligé de tenir écriture.

Le notaire, et cela tient probablement à la nature de ses fonctions, n'est ni mathématicien, ni comptable. Il a une répugnance bien prononcée pout tout ce qui est chiffre et calcul. Lui parler d'une comptabilité en partie double, c'est pour lui utopie, c'est quelque chose d'impossible, d'irréalisable, d'une inapplicabilité absolue au notariat. C'est là une grande erreur qu'on est étonné de voir, de nos jours, régner parmi les membres de cette corporation. La comptabilité en partie double est aussi facile que celle en partie simple, et elle a cet avantage inappréciable qu'elle n'est accessible à aucune erreur. Si une erreur s'est commise, sa présence se fait sentir immédiatement par la balance des comptes, et il faut bien la trouver. La partie simple, au contraire, est le refuge des erreurs, même les plus grossières.

Nous avons fait l'application de la comptabilité en partie double au notariat ; nous nous proposons de publier notre théorie avec sa mise en pratique, et MM. les notaires pourront se convaincre de la facilité de la tenue des livres en partie double pour le notariat, et des avantages qui en résultent.

§ 2.

Des dépôts d'argent.

Les notaires reçoivent des sommes importantes à titre de dépôt. Leurs fonctions le veulent ainsi ; elles les constituent les dépositaires nécessaires de leurs clients. Le séjour plus ou moins long de ces sommes entre leurs mains, assume sur eux une responsabilité inquiétante. A Paris, les notaires ont trouvé, depuis longtemps, le moyen de s'en décharger à moitié, en consignant à la Banque de France les dépôts qu'ils reçoivent. (Je dis à moitié, car ils sont toujours responsables envers leurs clients).

C'est là une excellente idée dont il convient de généraliser les bienfaits, avec cette modification qu'au lieu de verser les dépôts dans des caisses particulières, on les versera dans les caisses de l'Etat.

Tous les notaires verseront donc les sommes par eux reçues en dépôt, aux receveurs d'enregistrement, qui ouvriront un compte courant à chacun d'eux, et qui sera conforme aux carnets que les notaires auront de leur côté.

Si, par un malheur que nous ne prévoyons pas, des sommes venaient à disparaître de la caisse des receveurs, par un cas fortuit ou autrement, les dépositaires auront une action directe contre l'Etat. Le notaire restera étranger à ce débat, après avoir justifié du versement fait par lui.

De cette façon les notaires seront déchargés du fardeau de la responsabilité des sommes qu'on leur confie en dépôt, et le Trésor jouira des fonds considérables qui restent improductifs dans la caisse des notaires jusqu'au moment du retrait.

Combinaison financière.

Du traitement fixe des notaires. — Du partage des produits des études entre le notaire et l'état. — Et du recouvrement du coût des actes par les receveurs d'enregistrement.

Nous voulons l'abolition de la vénalité des offices; et, Dieu merci, nous ne sommes pas seuls de cet avis. Tout le monde sent que la vénalité, cette lèpre sociale, doit, sans retard, disparaître en fait, comme elle a disparu en droit en 1791. Mais l'abolir sans indemniser les titulaires actuels, ce serait friser de près la spoliation ; ce serait compromettre gravement la fortune d'un nombre considérable de familles respectables, les ruiner peut-être, et notre République ne peut vouloir une telle calamité.

Or, pour indemniser, il faut de l'argent.

Où le trouver? Là est toute la question aujourd'hui.

Nous avons une combinaison de réforme sur les offices qui, selon nous, répond péremptoirement à cette question. Cette combinaison, nous la considérons comme la transition du présent avec l'avenir ; transition qui doit s'opérer sans secousse violente, sans déplacer les fonctionnaires actuels, sans froisser leurs intérêts.

Nous allons la développer.

Dans une brochure que nous avons publiée le 9 avril dernier, sous le titre : UN MOT SUR LA VÉNALITÉ DES OFFICES, nous avons posé les principes d'un système nouveau, qui consiste à donner aux notaires un traitement fixe, et à leur attribuer une part dans les produits des études.

Voici sommairement ce que nous disions :

Chaque fonctionnaire recevra un traitement fixe selon la classe à laquelle il appartiendra. Les classes établies par les lois actuelles pourront être maintenues au point de vue seulement de la fixation du traitement fixe.

Le produit des offices appartiendra aux fonctionnaires et à l'Etat dans des proportions à fixer, comme par exemple :

Deux tiers à l'Etat,

Un tiers aux fonctionnaires.

Le recouvrement des produits des offices serait opéré par les receveurs d'enregistrement. Ce qui est d'une mise à exécution des plus aisées et des plus simples.

Le partage des honoraires entre l'Etat et les officiers ministériels, avec le mode de recouvrement que nous indiquons, présente ce double avantage:

Ressources immenses pour l'État.

NULLE PERTE POUR LES FONCTIONNAIRES PUBLICS.

En effet, les notaires qui achètent leurs études sur le pied de dix années de produits, n'ont au plus qu'un tiers des produits pour eux ; les deux autres tiers étant absorbés par les charges.

Une étude rapporte-t-elle cinquante mille francs par an ? Elle est achetée cinq cent mille francs, ci,

en revenus		50,000 fr.	00 c.
Frais d'étude et appointements, le moins. . . .	8,000 f.	33,000	00
Intérêt du capital.	25,000		
Reste en bénéfice. .		17,000	00
Il y a encore à déduire les intérêts des avances et des recouvrements désespérés.		Mémoire.	

Mettons en parallèle notre système.

Prenons aussi, pour exemple, une étude d'un produit annuel de. . . . . 50,000 fr. 00 c.

Report, . . .	50,000	00
Déduisons-en :		
1° Traitement fixe du Notaire de Paris.. . . 4,000 2° Appointements des clers 8,000	12,000	00
Il restera	38,000	00
Les deux tiers pour l'Etat sont de.	25,333	34
Le tiers pour le Notaire est de.	12,666	66
Somme égale aux bénéfices nets.	38,000	00

Le résultat de notre système, pour le notaire, est celui-ci :

Il touche pour son traitement fixe la somme de	4,000 fr.	00 c.
Pour sa part dans les bénéfices.	12,666	66
Total. . .	16,666	66

Nous avons vu plus haut que, dans l'état actuel des choses, le notaire gagnait 17,000 fr., sans déduire ses pertes de toute nature. Le résultat que lui procure notre système, qui est un résultat sérieux, et duquel il n'a rien à défalquer, puisque c'est l'Etat qui paie, ne donne-t-il pas à ses intérêts une satisfaction plus complète qu'aujourd'hui. Pour l'obtenir, fait-il le sacrifice de la moindre de ses prérogatives ? Ne reste-t-il pas toujours l'homme libre, le magistrat indépendant, tel que nous le connaissons !

Pour le Gouvernement, voici les avantages qu'il retire de notre système ; il reçoit: 25,333 fr. 34 c.

Il faut qu'il paie les intérêts à 4 pour 100, du montant de l'indemnité à rembourser aux titulaires actuels, par suite de l'abolition de la vénalité des offices. Cette indemnité, que sera-t-elle ? Nous l'avons dit. Elle sera établie sur sept années de produit. Or, dans notre hypothèse, il s'agit d'une étude d'un produit de cinquante mille francs, ce qui donne, pour sept ans, trois cent cinquante mille francs.

Les intérêts de ce capital, à 4 pour 100, sont de 14,000 00

Il reste donc en réserve. . 11,333 fr. 34 c.

Cette réserve de onze mille trois cent trente-trois francs trente-quatre centimes, est destinée à éteindre, au bout de trente années à peine, un capital de quatre milliards, à quoi nous avons évalué tous les offices en général. Nous voulons l'abolition de la vénalité, et nous la demanderons jusqu'à ce qu'elle soit décrétée, avec la persistance de la conviction. Mais, nous le répétons, nous la voulons avec une indemnité, qui est plus fondée en équité, il est vrai, qu'en droit rigoureux.

L'indemnité, rigoureusement parlant, n'est pas due, ou du moins très-contestable. Le rétablissement clandestin de la vénalité des offices est un abus révoltant que la monarchie a laissé grandir à dessein, uniquement pour se faire des créatures, en favorisant la délégation, à PRIX D'ARGENT, d'une portion de la puissance publique, voulant, par ce moyen, s'assurer le concours de gens POSSÉDANT et CONSERVATEURS, sans se soucier de leur aptitude pour les affaires. Pour faire disparaître cet abus, il faut de l'argent. La République ne veut pas ruiner les fonctionnaires, dont tout le tort est d'avoir eu trop de confiance dans un gouvernement mal coordonné, recherchant sa consolidation sur les intérêts purement matériels, et dont toute la tactique était la ruse et la corruption. République française, tu paieras encore cette faute de la monarchie. Tu te montreras juste et intelligente en faisant disparaître l'abus au plus vite, et généreuse en ne froissant les intérêts de personne.

Les notaires, en traitant comme ils le font, au taux

excessif et déraisonnable de dix années de produit, recueillent à peine, à titre de bénéfices nets, un tiers de ces produits ; les deux autres tiers étant absorbés par les appointements des clercs, frais d'étude et paiement des intérêts du capital de la charge.

L'Etat, de son côté, ne tire rien autre chose des offices, que les deux pour cent d'enregistrement sur les mutations.

Mais le législateur peut et doit même, en abolissant la vénalité des offices, créer avec les offices d'immenses ressources à l'Etat. Il le peut sans diminuer en rien les émoluments des officiers ministériels. Il n'a qu'à attribuer à l'Etat les deux tiers des produits des études dont les notaires font aujourd'hui le sacrifice, pour remplir les engagements qu'ils contractent en raison de la vénalité même.

Ces deux tiers du produit des études à percevoir par l'Etat seraient affectés, pendant quelques années, d'une retenue assez forte, destinée, comme on a pu le remarquer plus haut, à servir les intérêts du prix des charges et à payer les appointements des clercs. Mais ce qui resterait net, EN RÉSERVE, et que l'Etat toucherait annuellement, ne s'élèverait pas à moins de **SOIXANTE-SIX MILLIONS** ; C'EST LE MINIMUM.

Comme nous l'avons vu, CE FONDS DE RÉSERVE est calculé de façon qu'au bout de trente années, et même dans un laps de temps plus court, il doit s'élever à un chiffre égal à la valeur des études.

Or, quelle que soit la valeur totale des offices, c'est donc un trentième environ de cette valeur que l'Etat recevra annuellement dans ses caisses. Comme la valeur des offices est corrélative à leurs produits, si cette valeur s'élève à quatre milliards, comme nous l'avons dit, c'est le trentième de cette somme que l'Etat touchera chaque année, soit cent trente-trois millions. CELA PEUT ÊTRE LE MAXIMUM.

Mais ne perdons pas de vue que le MINIMUM des recettes immédiates soit les soixante-six millions (ce qui suppose la valeur des offices être de deux milliards), et le MAXIMUM desdites recettes, soit les cent trente-trois millions (ce qui élèverait cette valeur des offices du double), s'obtiennent seulement au moyen de la RÉSERVE, c'est-à-dire de ce qui reste net à l'Etat sur les deux tiers des produits que nous lui attribuons après la déduction des intérêts à quatre pour cent par an, qu'il doit servir aux titulaires actuels pour raison du prix de leurs charges et des appointements des clercs.

Donc, quand l'Etat aura remboursé intégralement aux titulaires le prix de leurs charges, et qu'il n'aura plus, par conséquent, d'intérêt à servir, il touchera net, chaque année, les deux tiers du produit des offices, sans autre défalcation que les appointements des clercs.

Si l'Etat touche par an, rien que pour la RÉSERVE, soixante-six millions, ci. . . . 66,000,000 fr.

Cela suppose, comme nous l'a-

Report. . .	66,000,000
vons dit, la valeur des offices, être de deux milliards. Ce capital donne pour intérêts un chiffre de cent millions à ajouter aux soixante-six millions, ci.	100,000,000
Total, dans cette hypothèse, cent soixante-six millions . . .	166,000,000

C'est donc un revenu de cent soixante-six millions, au MINIMUM, que l'Etat se créera par l'application de notre système, sans préjudicier aucunement aux intérêts des officiers ministériels.

Ce résultat, facile à obtenir, n'étonne nullement quand on songe que ce sont les deux tiers (moins les appointements des clercs) du produit des études que nous faisons entrer dans les caisses du trésor (1).

---

(1) Voici un aperçu approximatif de ce que peuvent gagner annuellement les officiers ministériels dont nous ne connaissons pas le nombre au juste :

10,300	Notaires,	à raison d'un bénéfice moyen	de 15,000 f.	1,545,000,000 fr.
7,500	Avoués,	— — —	de 10,000	750,000,000 fr.
8,500	Huissiers,	— — —	de 5,000	42,500,000 fr.
			Total..................	2,337,500,000 fr.
			Les deux tiers sont de..............	1,558,333,332 fr.

Il y a encore les commissaires-priseurs, les greffiers, les courtiers, les gardes du commerce, etc.

Cette réforme des offices, au point de vue financier notamment, doit s'opérer sans rencontrer d'obstacles; car elle ne bouleverse aucunement la loi fondamentale du notariat ; elle ne porte aucun ombrage aux intérêts des notaires ; elle leur est, au contraire, profitable, en ce sens qu'elle leur assure non-seulement un traitement fixe, mais au moins tout autant d'émoluments qu'ils peuvent en réaliser en tout temps. Elle les dispense de faire des avances qui les gêne toujours, et qui, dans des moments de crise, comme aujourd'hui, les entraîne dans un abîme où ils perdent tout : fortune et honneur.

Ce n'est pas, comme on le voit, avec des intentions systématiquement hostiles au notariat que nous proposons une réforme touchant son institution, pour laquelle nous professons la plus grande vénération. Cette institution, qui a déjà rendu tant de services à la société, nous la voulons belle, grande, invulnérable. Mais nous la voyons faussée dans son principe : le législateur de 1816 n'a jamais eu la pensée, pas plus que celui de l'an XI, d'en faire une institution pour une classe privilégiée de la société, pour l'ARISTOCRATIE D'ARGENT. C'est ce qu'elle est devenue cependant, grâce aux gouvernements déchus, qui érigeaient l'or en vertu et en capacité... Les réformes que nous voulons, tout le monde les voudra. Leur but tend à grandir les institutions en les revêtissant du manteau de l'égalité, qui leur a manqué jusqu'aujourd'hui ; à élever et ennoblir les fonctionnaires en les dégageant de ces préoccupations d'argent qui les absorbent, les détournent de leurs devoirs, les rendent égoïstes, et étouffent en eux le sentiment de générosité et de fraternité que la nature a placés dans le cœur de tous les hommes.

Avant de finir, et pour mieux démontrer les avantages de notre combinaison, et convaincre les incrédules qui oseraient les nier, parlons le langage des chiffres, qui, malgré son aridité, a ordinairement une éloquence très-persuasive.

PREMIÈRE CLASSE.

NOTAIRES DE COUR D'APPEL.

Pour la comparaison de la position actuelle des notaires de cette classe, avec celle que nous leur faisons, d'après notre système, nous renvoyons à ce que nous avons dit, pag. 35 et 36.

DEUXIÈME CLASSE.

NOTAIRES D'ARRONDISSEMENT.

Les études de cete classe produisent de douze à trente mille francs par an.

Ce qui donne, pour moyenne, vingt-un mille francs, ci. . . . . 21,000 fr. 00 c.

Nous avons à déduire :

1° Traitement fixe du notaire, soit . . . . 2,000 f. 00 c.

2° Appointements du 1er clerc. . 1,500 f.
Du 2e. 1,000
Du 3e. 800
Faux frais. 200
} 3,500 f. 00 c.

} 5,500 f. 00 c.

Il reste en bénéfice. . . . 15,500 00

Les deux tiers pour l'Etat sont de . . . . 10,333 f. 34 c.
L'autre tiers pour le notaire est de . . . 5,166 66
} 15,500 00

Résultat pour l'Etat.

L'Etat touche. 10,333 34

Il paiera, pour intérêts, à quatre pour cent, de l'indemnité de l'office, qui s'élèvera, à raison de sept années

Report.	10,333	34 c.
de produits, à cent quarante-sept mille francs, une somme de . . .	5,880	00
Il restera en réserve, pour l'extinction annuelle du capital . . .	4,453	34

Résultat pour le Notaire.

Le notaire perçoit son traitement fixe de deux mille francs, ci. . .	2,000 f.	00 c.
Et son tiers de produit de l'étude.	5,166	66
Total des émoluments. . .	7,166	66

COMPARAISON.

Un notaire qui traite aujourd'hui d'une étude d'un rapport de vingt-un mille francs par an, la paie le prix fabuleux de deux cent dix mille francs, ci, en revenus. . . . . 21,000 f. 00 c.

Du revenu de l'étude, il convient de déduire :

Appointements comme ci-dessus	3,500 fr.	14,000	00
Intérêts du capital.	10,500		

Il reste en bénéfice, au notaire, aujourd'hui	7,000	00

Le notaire perd-il à notre système ?

TROISIEME CLASSE.

NOTAIRES DE CANTON.

Les produits des études de cette classe varient de trois mille à quinze mille francs.

La moyenne est de . . . . . 9,000 f. 00 c.

1° Traitement fixe du notaire, ci.. . . . . . . 1,500 fr.
2° Pour appointements du 1er clerc . . . 1,000
Du 2e . . . 800
Du 3e . . . 500 } 2,300 } 3,800 00

Bénéfices à partager 5,300 00

Donc les deux tiers pour l'Etat, sont de. . 3,533 f. 34
Et l'autre tiers, pour le notaire, est de. 1,766 66 } Egalité.

Résultat pour l'État.

L'Etat reçoit. . . . . 3,533 f. 34 c.

Il doit payer les intérêts à quatre pour cent du montant de l'indemnité de l'office, calculée sur sept années

Report. .	3,533 f. 34 c.
de produits, ce qui donne un chiffre de soixante-trois mille francs. L'intérêt de ce capital est de.	2,520 00
Il reste en réserve pour l'amortissement du capital, ...	1,013 34

Résultat pour le Notaire.

Il perçoit son traitement fixe. .	1,500 00
Et son tiers dans les bénéfices. .	1,766 66
Total de ses émoluments. . .	3,266 66

COMPARAISON.

Il faut quatre-vingt-dix mille francs au notaire qui veut une étude d'un revenu de neuf mille francs, ci		9,000 f. 00 c.
Si nous déduisons ;		
Intérêts du capital.	4,500 fr.	6,800 00
Appointements des clercs.	2,300	
Nous voyons les bénéfices réduits à.		2,200 00

Nous ne multiplierons pas ces exemples qui démontreraient toujours ce que nous avons avancé :

Avantages réels pour les notaires,

Ressources immenses pour l'Etat.

Remarque sur la durée de l'amortissement.

Nous avons une remarque à faire sur la durée de l'amortissement du montant de l'indemnité des offices :

Nous avons trouvé une réserve annuelle,

Pour la première classe, de 1,133 fr. 34 cent., pour éteindre. 350,000 fr.

Pour la deuxième classe, de 4,453 fr. 34 cent., pour éteindre. 147,000 fr.

Pour la troisième classe, de 1,013 fr. 34 cent., pour éteindre. 63,000 fr.

Or, 11,333 fr., placés à intérêt à quatre pour cent, cumulés chaque année, pendant vingt ans, donnent 358,200 fr.

4,453 fr., placés au même taux, pendant vingt-un ans, donnent 147,696 fr.

1,013 francs, placés de la même manière, pendant trente-deux ans, donnent 65,936 fr.

Ainsi,

Vingt années suffiront pour éteindre les indemnités de la première classe.

Vingt-un ans pour éteindre celles de la deuxième classe.

Trente-deux ans pour éteindre celle de la troisième classe.

Nous nous donnons beaucoup de latitude, en prenant trente ans pour amortir toutes les indemnités à quelques sommes qu'elles s'élèvent.

OPINIONS DIVERSES

ÉMISES SUR LA QUESTION DE LA VÉNALITÉ, ET SUR LA RÉFORME DES OFFICES.

Liverses opinions sur la vénalité des offices se sont déjà produites depuis le 24 février ; nous en connaissons jusqu'à trois que nous pouvons citer, et que nous allons en effet mettre en parallèle avec la nôtre.

L'opinion du premier de ces écrivains, est d'un radicalisme pur sang. Il veut l'abolition de la vénalité sans indemnité. Il s'appuie sur cette considération, que l'Etat, n'ayant rien reçu des notaires en leur donnant l'investiture, n'a rien à leur payer en abolissant la vénalité, qui n'est consacrée par aucune loi, qui n'existe qu'en fait.

Le deuxième termine en posant ces deux questions :

La vénalité des charges peut-elle encore subsister?

Dans le cas de sa suppression, est-il dû une indemnité aux titulaires ?

Laissons-le parler sur la première question :

« La vente des offices est une monstruosité, en éco-« nomie politique, comme en économie sociale ; c'est « la négation la plus insolente et la plus brutale du « droit d'égalité civile. Non, elle ne doit pas exister, « parce qu'elle est un vice, un de ces abus que la Ré-« volution de février a eu pour mission de balayer de « son souffle puissant. »

Sur la deuxième question, il dit :

« Quelque intérêt qu'inspire la position des officiers « publics, on ne peut pourtant s'empêcher de constater « qu'ils ont à se reprocher d'avoir eu une confiance ir-« réfléchie dans une situation, qu'avec un peu d'atten-« tion, ils auraient pu apprécier à sa juste valeur ; mais, « enfin, qu'il y ait eu chez eux confiance aveugle ou té-« méraire, ou conscience d'exercer un droit véritable, « aujourd'hui il n'est plus permis que de parler prin-« cipe et de rétablir les choses à la place qu'elles n'au-« raient jamais dû cesser d'occuper. Comme nous « avons démontré plus haut que la vénalité avait « toujours été illégale, nous n'hésitons pas à dire que « la nation a le droit de l'interdire en restant AFFRAN-« CHIE DE TOUTE ESPÈCE D'INDEMNITÉ, parce qu'il n'est « pas possible d'invoquer UN DROIT CONTRE LE DROIT ; « c'est assez que, pendant trente-deux ans, la société « ait été privée d'un de ses biens les plus précieux,

« qu'elle avait si chèrement acheté de son sang et de son « argent. Elle avait été injustement dépouillée, aujour- « d'hui elle reprend son bien où il se trouve ; et c'est « justice. »

Cet auteur, par un esprit de conciliation et d'intérêt, en faveur des titulaires, fait appel aux sentiments généreux de la nation. Les principes repoussent l'indemnité; mais la nation, grande et généreuse, fera un sacrifice ; et voici comment l'auteur l'entend :

« Il nous semblerait raisonnable de consacrer quinze « ans encore, aux officiers publics, la position qu'ils « ont actuellement, sauf la suppression définitive du « droit de présentation de leurs successeurs; de telle « sorte que les titulaires actuels pourraient jouir durant « leur vie, mais pas au-delà de quinze années, de la « position qu'ils ont maintenant. »

Voici comment s'exprime un troisième auteur :

« Appliquer la loi dans toute sa sévérité, c'est-à- « dire faire rentrer l'Etat dans la propriété des charges, « sans indemnité, ce serait méconnaître ce grand prin- « cipe qui dit : à chacun selon ses fautes ; ce serait une « souveraine injustice, une confiscation à l'égard des « titulaires actuels, qui, avec trop de confiance, sans « doute, sont entrés avec tout leur avenir dans cette « carrière. De plus, ce serait compromettre, détruire « leur fortune, celle de leur famille, l'avenir et la « fortune des gens qui, plus ou moins versés dans les « lois sur cette matière, ont engagé une somme énorme

« de capitaux dans un but louable, celui de pourvoir à « l'établissement de jeunes hommes à l'égard desquels « ils s'intéressaient. De puissantes considérations sont « donc là pour arrêter, si on y pensait, une quasi ex- « propriation, dont, au surplus, les résultats seraient « funestes et à l'institution et à la sécurité publique. .

« . . . .

« . . . .

« Le département de la Seine renferme quatorze « cent mille habitants, il y a cent quarante-trois notai- « res. Pour se conformer à la loi (article 21 de la loi du « 25 ventôse, que nous avons critiqué), il conviendrait « de créer quatre-vingt-douze charges ; ce qui ferait « un total de 235. Ces créations ne pourraient se faire « qu'à la condition de fixer dès maintenant l'indemnité « qui sera due aux notaires en exercice, autrement on « risquerait fort de les spolier, car la concurrence divi- « sera les bénéfices, et abaissera nécessairement la va- « leur des anciennes charges, en quoi consistera cette « valeur ! comment y pourvoira-t-on ? C'est ce que « nous allons voir.

« Chacune des cent quarante-trois études, d'après « des chiffres que nous avons lieu de croire exacts, « donne, d'après une moyenne, un produit net de cin- « quante mille francs ; nous ne voulons pas préjuger, « encore moins nous substituer au gouvernement pour « la fixation du chiffre d'indemnité ; mais puisqu'il en « faut un pour éclairer notre système, nous prendrons

« pour chaque office celui de trois cent mille francs, « qui, à notre avis, est celui possible : l'Etat de- « vant l'indemnité de la valeur, mais non de la conve- « nance.

« Cette base, ainsi adoptée, nous trouvons que le « chiffre de l'indemnité à payer aux cent quarante-trois « notaires de la Seine, présente un total de quarante- « deux millions neuf cent mille francs, qu'ils se répar- « tiront entre eux selon l'importance de leurs charges ; « ce chiffre est énorme, mais il ne faut pas s'en effrayer : « 1° parce que cette somme ne sera payable que par « fractions au fur et à mesure des démissions ou des dé- « cès des titulaires; 2° par la raison que le département « de la Seine représente à lui seul pour la valeur des « charges, la valeur des offices de cinq ou six départe- « ments ; 3° enfin, par ce motif, qui n'est pas moins « concluant, que l'indemnité d'après notre projet, peut « se régler avec la chose même, c'est-à-dire sur les « offices ; et voici comment :

« Le produit, d'après notre moyenne de chacune des « études de la Seine, étant de cinquante mille francs, « fait annuellement, pour les cent quarante-trois offices, « un produit de sept millions cent cinquante mille « francs. Redevenu maître des charges par l'indemnité, « qui pourrait empêcher le gouvernement de décréter, « à titre d'impôt, et pour le présent et pour l'avenir, « un prélèvement du cinquième de ce revenu, soit par « an un million quatre cent trente mille francs ? Qu'il le

« fasse, et dix années après, avec les intérêts cumulés, « il atteindra la somme de dix-huit à dix-neuf millions. « Qu'on ajoute à cette somme quatre millions de cau- « tionnements pour les créations nouvelles, le boni des « intérêts et de ces cautionnements, et des anciens, on « trouve, après cette période, un encaissement consi- « dérable, qui, bien certainement, ne sera pas épuisé « ces dix années écoulées, par la raison que nous avons « dite plus haut, qu'un grand nombre de notaires ac- « tuels seraient encore en fonctions à cette époque. Il « ne faut pas non plus perdre de vue l'avantage pour « l'Etat de l'adoption de ce système, qui, subsistant en- « core après l'amortissement de l'indemnité, donnerait « un impôt pour Paris, sur les offices de notaire seu- « lement, de vingt millions et plus pour dix années, « intérêts cumulés.

« Une objection grave est celle-ci : Pour que cet « impôt soit possible, il faut admettre que le Gouverne- « ment aura le droit de s'immiscer dans les études, et « de se livrer à des investigations qui ne seraient pas « sans danger. Le moyen de réduire cette objection, « c'est l'établissement d'une TAXE UNIFORME de frais « d'actes pour toute la France. Avec cette taxe et sans « autre auxiliaire que les receveurs des domaines, on « peut arriver à apprécier très-exactement la majeure « partie du produit des études; la bonne foi et la loyauté « des officiers ministériels feront le reste.

« Nous avons dit que les cent quarante-trois études

« réunies donnaient un produit annuel de sept millions « cent cinquante mille francs. En admettant, ce qui ne « devra pas être, que les nouvelles créations n'amènent « pas une progression de ce produit, voyons ce que la « répartition de cette somme donnera à chacun des deux « cent trent-cinq notaires. Après avoir réduit le cin- « quième prélevé pour l'impôt, il nous reste cinq mil- « lions sept cent vingt mille francs, ce qui fait pour « chacun 24,300 fr. »

Abolir la vénalité, indemniser les titulaires sans sacrifice aucun de la part de l'Etat, décréter une taxe uniforme pour tous les actes, créer un impôt sur les offices en faveur du Gouvernement, assurer aux notaires une existence honorable, l'auteur de ce projet veut tout cela; avec lui, nous le voulons; avant lui, nous l'avons voulu; de plus, nous voulons pour les officiers ministériels en général, l'affranchissement des avances extrêmement onéreuses, presque ruineuses, qu'ils sont obligés de faire aujourd'hui pour l'exercice de leur ministère.

Nous sommes donc d'accord au fond; nous différons seulement sur les moyens d'atteindre le même but.

Mais son système, pour arriver à ce résultat désirable, est moins favorable que le nôtre au notaire et au Gouvernement.

Voici en quoi nous différons:

Il crée quatre-vingt-douze notaires dans le département de la Seine. Nous, en principe, nous tendons à restreindre, le plus possible, le nombre des fonctionnaires publics dans un Etat.

Il fixe l'indemnité des offices sur six années de produit, nous, sur sept. C'est pourquoi il accorde 300,000 francs d'indemnité pour une étude d'un revenu de 50 mille francs; et nous, 350,000 francs.

L'impôt qu'il propose est d'un cinquième, le notre est des deux tiers; et, malgré cette différence énorme, les notaires obtiennent un meilleur résultat avec notre système, qu'avec le sien. Au notaire qui gagne 50,000 francs, nous lui trouvons un bénéfice net de 16,666 fr. (pages 35 et 36).

L'auteur dont nous nous occupons trouve, pour un notaire qui gagne pareille somme, un bénéfice de 24,300 fr. Mais si nous déduisons, comme nous l'avons fait, 8,000 francs pour appointements des clercs, il restera 16,300 francs, encore un peu moins que nous; et, notons que, par la création de nouvelles charges qu'il propose, les bénéfices des études importantes tendront à diminuer, sans rendre bien prospères les études de nouvelle création. Il faudra, sans doute, en créer, mais avec beaucoup de prudence et de sagesse.

Son impôt peut produire dix-neuf à vingt millions, pendant dix ans, soit deux millions par an, pour Paris.

Le notre produira annuellement, pour la même ville, EN RÉSERVE SEULEMENT, un million deux cent quatre-vingt-douze mille francs; et, après la réserve complétée, c'est-à-dire après la réalisation, au moyen de cette réserve, du capital nécessaire à l'amortissement complet des valeurs des études, deux millions huit cent quatre-vingt-huit mille francs.

Nous assurons un traitement fixe aux notaires, et cela indépendamment d'une bourse commune pour venir en aide à tous les notaires malheureux.

De plus, nous voulons pour les officiers ministériels en général, outre l'affranchissement des avances celui du cautionnement.

Du reste, nous n'avons pas la prétention d'avoir trouvé la pierre philosophale ; nous avons mis avec impartialité quatre systèmes sur la même matière, en présence les uns des autres ; qu'on choisisse !

Des Clercs et de leurs appointements.

Il n'est pas seulement convenable, mais il est de toute justice d'assurer aux clercs des appointements selon leur intelligence et leur aptitude. La rétribution qui leur est due doit être aussi en rapport avec les produits de l'étude. C'est le moyen de trouver chez tous les clercs un zèle et un dévouement sans bornes pour la prospérité de l'étude. Il y a longtemps que les notaires de Paris ont compris cette vérité, en abandonnant le dixième de leurs bénéfices à leur premier et à leur second clerc. Cette bonne mesure ne pèche que par sa restriction. Pourquoi ne pas intéresser tous les clercs dans le succès des affaires? Est-ce que chacun d'eux ne travaille pas, dans la sphère de ses moyens et selon les attribubutions de son grade, à l'expédition des affaires des clients? Une mesure trouvée bonne pour deux clercs, ne peut être trouvée mauvaise pour les autres. En la généralisant, elle aura pour effet de limiter naturellement les clercs de chaque étude au nombre strictement nécessaire pour l'expédition de toutes les affaires, et d'éviter l'encombrement des aspirants dans la carrière du notariat. D'ailleurs cette crainte n'est guère à redouter. Au moyen des examens annuels que nous avons proposés, l'aptitude ou l'ineptie des aspirants se dévoilera, et ceux qui ne possèderont pas la BOSSE du notariat (et il y en aura beaucoup), laisseront vite la place à d'autres, pour se jeter dans une carrière qui leur offrira plus de chances de succès, un avenir plus certain.

Les appointements des clercs seront déterminés chaque année par tous les grades, eu égard aux produits des études, par un conseil de famille par chaque arrondissement, composé de quatre notaires et de quatre principaux clercs choisis, les notaires par les clercs et les clercs par les notaires. Il nous semble juste que les clercs participent à une délibération qui les touche de si près.

Si l'on n'entre pas dans la voie de l'association, on ne peut fixer d'une manière uniforme les appointements des clercs. Cela dépend de l'importance des études et de la cherté des aliments dans un pays. Les appointements doivent être un moyen d'une existence modeste et honorable en rapport avec la position sociale de ceux qui les reçoivent. Ils doivent être calculés de manière que les clercs vivent d'abord ; mais que la plus large part possible reste aux notaires, qui assument sur eux la responsabilité de leurs actes, qui ont à supporter des charges de ménage, et qui souvent même sont pères de famille.

Mais, nous le répétons, les clercs doivent pouvoir vivre, et être à l'abri, pour la fixation des appointements, du caprice d'un patron peu généreux ou égoïste.

Bourse commune.

Les notaires ont une bourse commune ; elle leur sert pour acquitter la note du restaurateur et les frais de leur réunion. Qu'ils conservent cette bourse, nous ne nous y opposons pas. Mais, à côté, nous demandons la création d'une bourse commune à tous les notaires de France, dans un but purement philanthropique et humanitaire.

Nous cherchons à voir les choses d'aussi près que possible ; nous n'avons pas les préjugés du paysan qui croit encore de nos jours qu'il suffit d'être notaire pour thésauriser...... Erreur. Ce n'est pas de notre temps que les fonctionnaires deviennent des crésus ; et la vénalité et les avances, et la responsabilité sans bornes de leurs actes, ne sont-ce pas autant d'obstacles invincibles à la réalisation de la moindre économie. Il arrive trop souvent malheureusement qu'un notaire honnête et laborieux parvient à la vieillesse sans avoir pu amasser de quoi passer ses derniers jours. Il faut pourtant qu'il vive ce notaire, que son grand âge ou des infirmités empêchent de travailler. La corporation du notariat ne doit pas souffrir qu'un de ses membres soit réduit à une extrême misère ; il y va de sa dignité.

Pour parer à de telles infortunes, nous proposons :

L'institution d'une bourse unique pour tous les notaires de France, administrée à Paris, sous les auspices du ministre de la justice. Les notaires y verseront annuellement une somme de cent mille francs, qui sera destinée à assurer des pensions viagères aux notaires malheureux, à secourir les veuves des notaires morts sans fortune, et à élever et instruire les enfants de ces notaires que la corporation du notariat prendra sous sa protection toute paternelle. La cotisation de chaque notaire sera déterminée sur les produits de son étude ; ce qui nous paraît plus juste que de l'imposer par tête. D'ailleurs, en prenant ce dernier moyen, ce serait neuf francs et quelques centimes pour chacun d'eux. Mais il vaut mieux que ces cent mille francs soient pris sur les bénéfices généraux du notariat, et imposés selon l'importance de chaque étude ; importance que l'on connaîtra tous les ans au moyen d'une comptabilité régulièrement tenue et uniforme pour tous les notaires.

Le ministre de la justice choisira les notaires qui devront composer le Conseil d'administration de cette bourse de famille.

De la facilité d'exécution de la réforme proposée.

Comment les choses se passent-elles aujourd'hui ?

Des clients se présentent à l'étude d'un notaire ; ils y passent un contrat qui donne lieu à des dépenses de timbre, des avances d'enregistrement, et à des honoraires en faveur du notaire.

Le notaire fournit le timbre, avance l'enregistrement, et ne reçoit rien sur ses honoraires (exceptons Paris).

Il attend souvent plus d'un an après la rentrée de ses déboursés et de ses émoluments.

Il fait payer quelquefois un intérêt juste et légitime, quoique non légal de par une jurisprudence judaïque, pour ses déboursés, rarement pour ses honoraires. Mais le plus souvent , il attend patiemment le recouvrement tardif de ce qui lui est dû , sans exiger aucun intérêt : et nous avons vu cette patience poussée si loin , qu'il est arrivé , et qu'il arrive encore, que la perte des intérêts des avances venait égaler le montant des honoraires. Dans ces cas , trop fréquents, le notaire est sacrifié. Pourquoi ce sacrifice volontaire , dira-t-on ?

Nous répondrons : Ce sacrifice n'est pas volontaire ; il est forcé, il est imposé par l'habitude, par la force des choses ; sans ce sacrifice, la clientèle désertera l'étude pour se reporter dans une autre où elle trouvera plus de latitude pour payer ce qu'elle doit ; et voici pourquoi :

Dans une localité, il y a toujours un ou plusieurs notaires qui sont en bonne position de fortune, qui ménagent leur clientèle, dans le but de l'augmenter, et de vendre ensuite plus chères leurs études. Dans le prix élevé de leurs charges, et dont l'élévation n'est souvent due qu'à ce moyen, ils trouvent une large compensation aux sacrifices qu'ils ont pu faire. Voilà pour le notaire riche.

S'il y a des notaires riches, il y en a aussi qui ne le sont pas. Ceux-ci ne sont-ils pas forcés de faire comme leurs confrères opulents, et de continuer les mêmes ménagements que leurs prédécesseurs. S'ils rompent avec ces habitudes, ils sont exposés à voir se disperser, en peu d'années, une clientèle chèrement achetée. Voilà pour le notaire pauvre.

C'est le mauvais côté.

Comment les choses se passeront-elles selon notre système?

Les clients se présenteront, comme aujourd'hui, chez les notaires. Comme aujourd'hui, ceux-ci leur prêteront leur ministère sans rien exiger pour les déboursés et les honoraires. Ainsi, pas de changement dans les habitudes des clients avec les notaires.

L'acte fait, il est enregistré en débet à l'égard du notaire. Celui-ci ne fournit que le timbre qui est la moindre des avances.

Quand l'acte est régularisé, et que toutes les formalités qu'il entraîne sont accomplies, il en établit le coût; il remet l'état des frais à un commissaire du Gouvernement, dont les fonctions consisteraient à taxer tous les actes des officiers ministériels. Ce commissaire remettrait l'état taxé aux receveurs d'enregistrement, qui opéreraient le recouvrement de ce qui serait dû dans un délai de six mois, par exemple, comme pour le paiement des droits de succession. Ces commissaires ou juges taxateurs pourraient se recruter dans le personnel de l'enregistrement, tels qu'inspecteurs, vérificateurs, etc.

Quelles difficultés peut rencontrer cette manière d'opérer? Aucune.

Les receveurs d'enregistrement ne paient-ils pas de cette façon, aux huissiers, les exploits qu'ils font en matière de justice criminelle ou de police?

Les notaires font-ils autre chose pour le recouvrement d'un contrat concernant une commune? N'adressent-t-ils pas l'état de leurs déboursés et honoraires au profit qui ordonnance le paiement?

Pour les petits actes, comme tous ceux, du reste, que les parties voudraient acquitter immédiatement, les notaires pourraient en toucher le coût, sauf par eux à le verser dans la caisse du receveur d'enregistrement.

Afin d'éviter un déplacement aux personnes domiciliées hors du canton où l'acte aura été passé, le commissaire du gouvernement, ou juge taxateur, enverrait directement l'état taxé au receveur d'enregistrement du canton de leur domicile, de sorte que les recouvrements se feraient sans déplacement.

La remise des titres pourrait se faire avant l'acquittement des frais; mais pour la sûreté de leurs paiements, le trésor aurait un privilége primant tous les autres, sur les biens meubles et immeubles des parties contractantes, ou bien encore, les notaires ne se dessaisiraient des pièces que sur le vu et en échange de la quittance du receveur d'enregistrement.

Ainsi, notre réforme n'altère en rien les relations existantes de clients à notaire, elle passe inaperçue; les notaires et l'état ne s'en aperçoivent que par les bons effets qu'elle produit.

Le public, qui élève la voix, plus souvent à tort qu'à raison, contre la taxe des officiers ministériels, aurait aussi cette satisfaction d'être certain qu'il ne paie que ce qu'il doit et de savoir combien il doit, aux moyen d'une taxe uniforme, d'un tarif général affiché dans chaque étude de notaire. L'application rigoureuse et impartiale de ce tarif serait garantie par le caractère des juges taxateurs, hommes intègres et désintéressés comme sont les magistrats. Les notaires et les clients n'auraient plus à aborder ces questions d'honoraires, souvent délicates et irritantes, et dont le recouvrement ne serait plus douteux.

En fin de compte le Gouvernement trouverait, dans la mise en pratique de notre système, des ressources immenses et d'une réalisation facile sans nuire aux intérêts des notaires ; mais, au contraire, en les protégeant et en les consolidant.

C'est le bon côté.

Qu'on adopte ou qu'on rejette notre réforme des offices, cela importe peu à notre amour-propre, encore moins à nos intérêts particuliers ; mais, dans l'intérêt général, qu'on y réfléchisse au moins. Car, nous le demanderons à tout le monde, aux notaires particulièrement, le notariat est-il possible dans les conditions où la vénalité l'a placé ? N'est-il pas frappé au cœur d'une maladie cangréneuse dont les symptômes se révèlent trop souvent par des catastrophes et des sinistres qui effraient la société. Est-il un mois, une semaine qui s'écoule sans voir faire une ou plusieurs taches indélébiles à l'orizon du notariat, autrefois si pur. La vénalité, imperceptible d'abord, est devenue monstrueuse dans ses effets. Depuis dix ans, elle porte ses ravages affligeants dans toute la France, sans qu'on ait osé la combattre en face ; elle ruine notaires et clients : aux premiers, elle leur annonce leur chûte, assez longtemps avant qu'elle n'arrive ; mais aux autres, c'est un guet-à-pent qu'elle leur prépare toujours. Elle les plonge dans la misère au moment même où ils pouvaient s'en croire affranchis par les fruits d'un travail opiniâtre, et d'économies faites souvent sur le nécessaire. Qu'on la laisse faire! Dans dix ans encore, elle aura tant fait, qu'elle aura sapé radicalement dans ses bases l'organisation actuelle du notariat et mis son existence devant un péril imminent. Pour nous, nous parlons avec une conviction sincère, le notariat ne peut exister longtemps tel qu'il est. Les conditions faites aux jeunes notaires sont intolérables, il y a impossibilité matérielle de les exécuter. De là, gêne. . . . et tout le reste.

Cependant, le notariat tient à l'ordre social. La grande famille est intéressée à sa conservation. Il importe au Gouvernement de veiller sur lui, de prévenir les écarts scandaleux où pourraient tomber encore quelques-uns de ses membres; enfin, il lui appartient de relever la dignité du notariat où elle est compromise, et de raffermir par une bonne, sage et prévoyante organisation, cette institution ébranlée. C'est là un des grands éléments de la prospérité et de la tranquillité du pays. Une corporation aussi importante que celle du notariat une fois compromise, ruinée, qui peut calculer les désastres qu'elle entraînerait à en juger par les désordres partiels dons nous sommes témoins.

Du cautionnement.

Le cautionnement des officiers ministériels n'est qu'un emprunt déguisé fait par l'Etat, où pour mieux dire exigé par lui moyennant l'intérêt à 3 pour cent l'an. Sa création et son élévation successive sont dues au délabrement dans lequel se sont trouvées nos finances, épuisées par les fautes politiques et les prodigalités de la monarchie. Imposer aux fonctionnaires l'obligation de fournir de l'argent pour conserver leurs places, était un sûr moyen de battre monnaie, et nos gouvernants ont su en faire usage.

Le cautionnement, en tant que garantie solide et efficace, est illusoire. Quelle que soit son importance, il sera toujours insuffisant pour réparer les désastres qu'entraîne la malversation d'un fonctionnaire. Fût-il d'un million, que, dans beaucoup de cas, il ne suffirait pas, malheureusement, pour cicatriser les plaies causées par une déconfiture. C'est un rêve de croire garantir la société contre les terribles effets des prévarications des officiers ministériels, au moyen du cautionnement. La meilleure garantie pour elle, c'est de les prévenir par un choix mur et intelligent, de fonctionnaires dont la conduite, les mœurs et la capacité ne laisseront rien à désirer. Là, est le remède, et non dans un cautionnement.

Nous ne sommes donc pas partisans des cautionnements; ils sentent trop le monopole; ils n'ont rien de salutaire; ils sont oppressifs, ils obèrent ceux qui les fournissent. On voit des jeunes gens payer à des bailleurs de fonds qui se sont hasardés à délier leurs bourses devant le privilége de second ordre, un intérêt qui n'est pas moindre de 5 pour cent par an; et eux, recevoir de l'Etat 3 pour cent. En nuisant ainsi aux intérêts des fonctionnaires, les cautionnements vont précisément contre le but de sécurité qu'on aurait désiré leur voir atteindre, et qu'on atteindra vainement d'eux.

D'ailleurs, leur inutilité est jugée. On voit, à Paris, depuis longues années, diverses corporations nombreuses, je ne dirai pas d'officiers ministériels, mais d'hommes d'affaires, qui sont investis de fonctions importantes et de la confiance de la justice : ce sont entre autres, les agréés au tribunal de commerce et les syndics des faillites. On ne contestera pas, certes, l'assimilation intime de leurs fonctions, avec celles de beaucoup d'officiers ministériels. Eh bien ! a-t-on vu dans ces diverses corporations plus d'écarts parmi leurs membres, que parmi ceux des corporations qui ont une existence légale, et qui sont assujéties au cautionnement ? Hélas ! non ; moins peut-être. La raison s'en trouve uniquement dans le bon choix que fait le tribunal de commerce.

Il y a cette remarque à faire, que les syndics sont affranchis, tout à la fois, et du cautionnement et de la vénalité ; et que, où il n'y a ni vénalité, ni cautionnement, la confiance publique n'est point trahie.

Une considération puissante existe encore pour faire rejeter le cautionnement. C'est le régime sous lequel nous vivons. Chaque citoyen peut être appelé aux fonctions publiques, et il ne faut pas, par une mesure financière, dont l'inefficacité est évidente, entraver sa nomination ou la rendre impossible, autrement nous retomberions dans l'ornière d'où nous venons de sortir, dans le vieux système monarchique où il était bien dit que tout français était admissible aux emplois civils et militaires ; mais, sous-entendu, quand il avait de l'argent.

Mais nous, qui ne voulons que le possible, et que ce qui est d'une application immédiate, nous ne demanderons pas aujourd'hui l'anéantissement des cautionnements. Le ministre des finances se trouverait dans l'impuissance de restituer les quelques millions qui ont été versés, à ce titre, dans les caisses du trésor. En attendant des temps plus prospères, nous nous contenterons d'une juste répartition des cautionnements entre toutes les études, eu égard à leurs produits, afin de faire disparaître la choquante anomalie que la répartition actuelle offre à nos yeux.

Les cautionnements des notaires sont divisés en trois catégories, et varient de 1,800 fr. à 50,000 fr. ; dix-huit cent francs pour une population de deux mille habitants, et cinquante mille francs pour Paris. Pour les villes qui viennent immédiatement après Paris, par leur importance, les cautionnements sont fixés à vingt-cinq mille cinq cents francs. Avant la loi de 1815, ils étaient bien moindres ; ils ont été augmentés de deux tiers, comme on le voit par le tableau qui suit :

	Anciens.		Nouveaux.
Pour une population de deux mille habitants, troisième classe.	666 f.	—	1,800 f.
Pour une population semblable, deuxième classe. . .	1,333	—	3,000
Pour une population de cent mille habitans et au-dessus, première classe. . .	8,000	—	25,500
Pour Paris	24,000	—	50,000

L'application de ce tableau, où l'esprit du monopole perce de tous les côtés, offre ce contraste que des études de canton (1), d'un produit de trente à quarante mille francs, ne sont assujéties qu'à un cautionnement de deux à trois mille francs; tandis qu'une étude de notaire de Paris, d'un produit égal, est obligée à un cautionnement de cinquante mille francs.

Pour remplacer ces catégories, dont les conséquences sont si choquantes, voici les moyens que nous proposons:

Il existe en France dix mille et quelques cents notaires, qui ont versé, par exemple, cinquante millions pour leurs cautionnements.

(1) Les cantons de la Chapelle, Neuilly, Belleville, Montrouge, Arcueil, etc., etc.

Tous ces notaires gagnent annuellement, supposons-nous, cent cinquante millions.

Nous ferons cette proposition :

150,000,000 : 50,000,000 :: 10,000 : X.

Réponse, 333 francs.

Chaque mille francs de revenu seraient donc frappés d'un cautionnement de 333 francs. Cette somme produit 16 fr. 65 c. d'intérêt à 5 pour cent ; mais l'Etat ne payant que l'intérêt à 3 pour cent, c'est-à-dire 9 fr. 99 c.; c'est une perte de 6 fr. 66 c. qu'éprouveraient chaque mille francs de revenu. Puisque les cautionnements sont une charge onéreuse, n'est-il pas juste de les faire supporter par les revenus ?

Par cette manière d'équilibrer les choses, les gros cautionnements diminueraient, ou du moins ils seraient, ainsi que les petits, en rapport avec l'importance des études ; et, jusqu'à ce qu'ils soient abolis, ce qui se verra un jour, ils amoindriraient d'autant les obstacles qu'auront à surmonter les jeunes gens, peu favorisés de la fortune, que leur capacité appellera à être notaires.

Le notaire de Paris, qui gagne 50,000 fr., verse comme celui qui en gagne 30,000, le double ou le triple, un cautionnement de cinquante mille francs. Et selon notre proportionnalité, il ne serait assujéti qu'à un cautionnement de 16,650 fr., en supposant, ce dont nous doutons, que nous ayons opéré sur des bases exactes, mais dont les véritables donneront, il est plus que probable, une importance moindre au cautionnement par chaque mille francs.

La répartition proportionnelle des cautionnements pourrait se faire tous les cinq ans.

Telles sont les réformes que nous croyons utiles d'introduire dans l'institution du notariat. Nous avons la confiance qu'elles seront favorablement accueillies par les notaires, dont elles tendent à améliorer la position, et dont quelques-uns nous ont encouragé dans la publication de cet ouvrage ; par le Gouvernement qui doit y trouver une source de revenus faciles à percevoir ; enfin, par le public, qui ne peut que gagner à l'adoption de ces réformes, sous quelque point de vue qu'on les envisage.

Nous résumons notre pensée dans deux projets de décret que voici :

PREMIER DÉCRET.

ARTICLE PREMIER.

Les notaires exerceront leurs fonctions dans l'étendue de l'arrondissement de leur résidence.

ART. 2.

Les fonctions de notaire sont incompatibles avec celles de maire.

ART. 3.

Les témoins instrumentaires et les temoins certificateurs pourront être pris dans l'arrondissement où l'acte sera passé.

ART. 4.

Le notaire tiendra exposé, dans son étude, un tableau du coût des actes notariés selon le tarif général qui en sera dressé.

ART. 5.

Les actes notariés seront légalisés lorsqu'on devra s'en servir hors de l'arrondissement dans lequel ils auront été passés.

ART. 6.

Les notaires tiendront leur comptabilité en partie double, selon le modèle que l'administration leur fournira.

ART. 7.

Le nombre de notaires par chaque arrondissement, leur placement et résidence, sera déterminé par le Gouvernement. Le nombre variera selon la richesse agricole, l'activité du commerce et la multiplicité et l'importance des transactions de la localité où il s'agira d'augmenter ou de restreindre le nombre des notaires.

ART. 8.

Les notaires exercent sans patente, comme sans cautionnement ; cependant les cautionnements existant actuellement ne pourront être retirés que dans un délai de. . . . . années.

Art. 9.

Pour être admis aux fonctions de notaire, il faudra, outre les conditions exigées par l'article 35 de la loi du 25 ventôse an II, avoir accompli son stage, qui consistera :

Dans six années de cléricature, dont la dernière, comme maître clerc, ou comme second clerc à Paris. Avec la justification de l'examen annuel, que tout clerc devra subir devant un comité de stage, réuni au chef-lieu d'arrondissement, et composé du président du tribunal civil, du président de la chambre des notaires, et de quatre notaires tirés au sort.

En outre, tout aspirant devra être muni d'un certificat d'admission, qui lui sera délivré après avoir satisfait à un dernier examen par un comité dit comité d'admission, composé comme il est dit ci-dessus avec l'adjonction du procureur de la République et de deux autres notaires.

Art. 10.

Le stage sera réduit de moitié pour les licenciés en droit, qui ne subiront alors que les trois derniers examens de stage, plus l'examen pour l'admission.

Art. 11.

Le Gouvernement pourra dispenser du stage les individus qui auront exercé des fonctions administratives ou judiciaires; mais ils subiront l'examen d'admission pour prendre rang selon leur capacité.

ART. 12.

Ces examens seront gratuits. Ils seront annoncés au moins six mois à l'avance, avec le programme des matières qui en feront l'objet.

ART. 13.

Les aspirants admis seront classés par ordre de mérite, et pourvus de charges au fur et à mesure des vacances, en commençant par les premiers inscrits.

Cependant les vacances qui auront lieu parmi les notaires de cour d'appel, seront remplies par les notaires d'arrondissement, et ceux-ci seront remplacés par les notaires de justice de paix.

ART. 14.

La vénalité des offices abolie en droit, l'est aussi en fait.

Les notaires actuels seront indemnisés de la valeur de leurs offices, sur le pied de sept années de produits régulièrement justifiés.

Le remboursement aura lieu en rentes sur l'Etat; il sera payé un interêt à quatre pour cent par an.

ART. 15.

Les officiers sont frappés d'un impôt des deux tiers de leurs revenus, à la charge par l'Etat de payer les appointements des clercs selon le taux qui en sera fixé chaque année par un conseil de famille, par chaque arrondissement composé de quatre notaires, de quatre principaux clercs nommés à l'élection. Ce conseil de famille sera présidé par le président de la chambre des notaires.

ART. 16.

Les notaires sont affranchis de toutes avances. Les frais et honoraires des actes seront recouvrés par le receveur de l'enregistrement, dans un délai de six mois.

Préalablement, ces actes seront taxés par des commissaires spéciaux placés auprès de chaque receveur d'enregistrement ; ils surveilleront la régularité de la perception et viseront les répertoires des Notaires.

ART. 17.

Les notaires auront droit à un traitement fixe, outre le tiers net du produit de leur charge.

Ce traitement est fixé, pour les notaires de cour d'appel, à la somme de quatre mille fr. 4,000 fr.

Pour les notaires d'arrondissement, à la somme de deux mille francs, ci. . . . . 2,000 fr.

Et pour les notaires de justice de paix, à la somme de quinze cents francs, ci. . . . 1,500 fr.

Ce traitement sera payé mensuellement.

ART. 18.

Les notaires déposeront au receveur d'enregistrement de leur localité les sommes qui leur seront confiées par les clients, et seront retirées par eux pour les employer selon leur destination.

Les notaires ne seront pas responsables des sommes par eux versées au receveur d'enregistrement.

ART. 19.

Outre la bourse commune qui existe actuellement entre les notaires, il en sera formé une autre qui embrassera tous les notaires de France; il sera perçu chaque année, sur les produits généraux des études, une somme de cent mille francs, qui sera destinée à venir en aide aux notaires malheureux et à leur famille.

Cette bourse commune sera administrée par les soins du ministre de la justice, avec le concours d'au moins dix notaires choisis par lui.

ART. 20.

Les lois sur le notariat sont maintenues en ce qu'elles n'ont rien de contraire aux dispositions du présent décret.

DEUXIÈME DÉCRET.

ARTICLE PREMIER.

La transmission des immeubles et droits immobiliers ne pourra, à l'avenir, avoir lieu que par acte authentique.

ART. 2.

Les actes sous seings-privés contenant vente, abandon, cession d'immeubles, ou droits immobiliers, ne seront pas nuls s'ils sont déposés chez un notaire dans le délai de trois mois de leur date.

Les notaires qui recevront ces actes de dépôt, rectifieront l'établissement de propriété, s'il n'est pas régulièrement établi, et feront toutes déclarations nécessaires sur l'état civil des parties.

TABLE DES MATIÈRES.

BIBLIOTHÈQUE NATIONALE
R.F.
IMPRIMÉS

www.ingramcontent.com/pod-product-compliance
Ingram Content Group UK Ltd.
Pitfield, Milton Keynes, MK11 3LW, UK
UKHW020410230726
13925UKWH00004B/1340

9 782014 044157